With special
appreciation
to my
teacher

LURDES SARAMAGO CHAPPELL

· BANCO VAZIO ·
POESIA
EMPTY BENCH POETRY

MORE BILINGUAL POEMS IN PORTUGUESE AND ENGLISH
SONJA N. BOHM

WorldsAspire

Copyright © 2022 by Sonja N. Bohm. All rights reserved.
Published by Sonja N. Bohm

ISBN 978-1-7362835-7-8

Banco Vazio Poesia / Empty Bench Poetry: More Bilingual Poems in Portuguese and English.

First Edition

All rights reserved. No part of this book may be reproduced or utilized in any form or by any means, electronic or mechanical, including photocopying and recording, or by any information storage or retrieval system, without permission in writing from the Publisher.

The poems listed in the section "Loose Change" were written by Sonja N. Bohm during February 2020 in Parede, Portugal. The poems listed in the section "Selections from *Poems from the Garden*" are from the 2021 collection *Poemas do Jardim / Poems from the Garden* by Sonja N. Bohm.

Cover image and design by Sonja N. Bohm:
Parque Marechal Carmona in Cascais, Portugal.
Interior images and design by Sonja N. Bohm unless otherwise credited.

Printed by Lulu.com

you left a poem
on my cheek—coarse, like wet sand
that clings to the skin

FOLHAS NOVAS

QUE ALEGRIA!

Que alegria é empunhar a caneta—
ao contrário da língua que erra...
Traz tanta satisfação,
esta versificação—
esta esperança de que num dia mais claro,
vais ver-te nos meus versos,
e isso vai encher o teu coração.

NEW LEAVES

WHAT A JOY!

What a joy it is to wield the pen—
unlike the tongue which errs...
It brings such satisfaction,
this versification—
this hope that on a day more clear,
you will see yourself in my verses,
and it will fill your heart.

MINGUS NO BAR DAS AVENCAS

Versos escritos ao ouvir um instrumental de Charles Mingus.

Lenta e rítmica,
    um pouco melancólica:—
Música que diz Adeus,
    mais ou menos,
mas que te seduz para ficar—
recordando o mar...
    Perder-te
        encontrar-te
    perder-te...
À deriva no tempo,
    ou para sempre...
Adeus, mais ou menos;
mas mais lenta,
    mais rítmica,—
        menos melancólica...

MINGUS AT BAR DAS AVENCAS

Lines written upon hearing a Charles Mingus instrumental.

Slow and rhythmic,
    a little melancholic:—
Music that says Goodbye,
    more or less,
but entices you to stay—
recalling the sea...
    Losing yourself
        finding yourself
    losing yourself...
Drifting in time,
    or towards eternity...
Goodbye, more or less;
but more slow,
    more rhythmic,—
        less melancholic...

Sunset over Cascais. Praia das Avencas, Parede, Portugal.

as the sun decays
       over Cascais like a flame
it burns still for me

PORTUGAL, AINDA

Tu és Portugal—ainda—
na minha memória, nos meus sonhos.
Na plenitude da vida,
na essência do ser.

Tu és Portugal—ainda—
«o tal poeta à solta»*—
criador da beleza
sem nada a perder!

Tu és Portugal—ainda—
e lembrar-me-ei sempre
como o peso destas palavras
foi recebido com prazer.

*Agostinho da Silva

PORTUGAL, STILL

You are Portugal—still—
in my memory, my dreams.
In fullness of life,
in essence of being.

You are Portugal—still—
"that poet on the loose"*—
creator of beauty
with nothing to lose!

You are Portugal—still—
and I'll always remember
how the weight of these words
was received with delight.

*Agostinho da Silva

SÓ UM PERFIL

A foz do rio,
    as ondas recuando,
      o jardim costeiro...
Este perfil é tudo o que vejo;
o resto está escondido—
   sob as águas,
     debaixo da terra...
Mas nunca foi meu para tomar;
sempre foi teu para dar.

ONLY A PROFILE

The mouth of the river,
    the receding waves,
      the coastal garden...
This profile is all that I see;
the rest is hidden—
    beneath the waters,
      below the earth...
But it was never mine to take;
it was always yours to give.

ENVELHECEMOS

Envelhecemos,
mas a nossa sombra continua jovem.
Puxa-nos como uma criança
desejosa de contar um segredo.
Mas paramos de ouvir,
e assim envelhecemos.

WE AGE

We age,
 but our shadow stays young.

It pulls on us like a child

eager to tell a secret.

But we stop listening,

and so we age.

Eras apenas uma criancinha,
e não te conhecia;
mas ouvi a música da floresta
e as aves canoras...

Quando era velha, vi-te, e sabia
que sempre te conheci:—
Cantavas a mesma canção que ouvia
quando era pequena.

You were only a baby,
and I didn't know you;
but I heard the music of the forest
and the songbirds...

When I was old, I saw you, and I knew
that I had always known you:—
You sang the same song that I heard
when I was young.

Cascais, Portugal.

I knew you as the autumn breeze
   When in my youth I blithely walked
Along raked paths of fallen leaves
I knew you as the autumn breeze.

The birds that died I buried there
Along raked paths of fallen leaves
Without a thought, without a care,
The birds that died I buried there.

Within the branches high above
Without a thought, without a care,
The songbirds sang of my first love
Within the branches high above.

* * *

And even now midst fallen leaves
As gently blows the autumn breeze
Without a thought, without a care,
The birds that die I bury there.
And in the branches high above
Still sing the birds of my first love.

UMA CONTA

A tua presença foi magnética.
Queria virar-me para te receber,
mas tudo o que podia fazer
era recostar-me na minha cadeira.

AN ACCOUNT

Your presence was magnetic.
　　I wanted to turn to meet you,
but all I could do
was lean back in my chair.

A tua música comovente preenche o ar.
Gotinhas de som colidem

e coalescem

e caem na minha pele

como chuva calorosa.

É aqui que nos encontramos.

Your soulful music fills the air.
Colliding droplets of sound

coalesce

and fall on my skin

like warm rain.

This is where we meet.

O teu toque na minha mão,
   num momento de inspiração,
pô-la em chamas.
Mas não confundas o meu recuo
com medo ou desagrado;—
somente a aproximei do meu coração.

Your touch on my hand,
in a moment of inspiration,

set it aflame.

But don't mistake my recoil

for fear or distaste;—

I only drew it closer to my heart.

prefiro não ter nada
   das tuas mãos do que ter
tesouros do mundo

I would rather have
   nothing from your hands than have
treasures from the world

ORFEU, AINDA

Não precisava de olhar para trás,
   mas olhou para trás!
E agora o teu olhar—
o teu olhar!—é tudo
o que vejo neste vazio.
No meu nada,
  no meu nada!—
    O meu tudo.

ORPHEUS, STILL

You didn't need to look back,
      but you looked back!
And now your gaze—
your gaze!—is all
that I see in this emptiness.
In my nothingness,
   in my nothingness!—
      My everything.

O que os estoicos querem com paixão
é temperado com moderação.
Mas a menos que sejam cegos,
são traídos pelos seus próprios olhos.

What stoics want with passion
is tempered with moderation.
But unless they are blind,
they are betrayed by their own eyes.

A energia que emana
do teu corpo poroso
transforma-se em música
e mantém-me cativada.

Até mesmo a tua indiferença
e o teu silêncio
perante a minha ofensa
atrai-me para o teu lado.

Mas eu sei que tocas para outra;
por isso, escuto na solidão,
consciente da barreira,
ainda sinto a atração.

The energy that emanates
from your porous body

transforms into music

and captivates me.

Even your indifference

and your silence

in the face of my offense

draws me to your side.

Yet I know you play for another;

therefore, I listen in solitude,

aware of the barrier,

still sensing the pull.

INVEJA

"o valor alheio nos tortura, revelando, com mais clareza, a nossa própria nulidade." —Teixeira de Pascoaes

O sol brilha—sinto o seu calor;
   Brilha para todos, e não lamento.
Brilhas na luz, e sinto o teu valor;
Brilhas para todos—em vão eu choro.

ENVY

"the value of others tortures us, revealing, with more clarity, our own nullity." —Teixeira de Pascoaes

The sun shines—I feel its warmth;
    It shines for all, and I mourn not.
You glow in its light, and I sense your worth;
You shine for all—I weep in vain.

AS PALAVRAS

Parecem tão boas na minha cabeça:
estas palavras na ponta da língua—
palavras que esperam pela libertação...

Falo mas não dizes nada.
Saio com o teu silêncio,
e as minhas próprias palavras
ressoam nos meus ouvidos...

Ó minha solidão! Ó meu coração!
Só queria que soubesses,
só queria que ouvisses...

THE WORDS

They sound so good in my head:
these words on the tip of my tongue—
words that wait for deliverance...

   I speak but you say nothing.

   I leave with your silence,

   and my own words

   ring in my ears...

Oh my solitude! Oh my heart!
I only wanted you to know,
I only wanted you to hear...

UMA MANHÃ FRIA

O lago está imóvel esta manhã.
 Sobre uma camada fina de gelo,
uma lágrima cai e congela.
Os peixes estão alheios ao frio.

ONE COLD MORNING

The pond is still this morning.
 Onto a thin layer of ice,
a tear falls and freezes.
The fish are oblivious to the cold.

Devo viver como se estivesses morto
quando há tanta vida em ti?
Devo negar o significado por trás destas lágrimas?
Quero sentir o calor que se ergue das tuas rochas;
para nadar na frieza das tuas águas—
enquanto ainda há vida em mim!

Must I live as though you are dead
when there is so much life in you?
Must I deny the meaning behind these tears?
I want to feel the warmth that rises from your rocks;
to swim in the coldness of your waters—
while there is still life in me!

PERDIDO

Sentir-se perdido é como ser
virado de cabeça para baixo
sob águas escuras sem saber
em que direção está o céu.

LOST

Feeling lost is like being
turned upside-down
under dark waters not knowing
the direction of the sky.

Eu choro todos os dias,
　　Com medo de não chorar;—
Medo que tu vás embora
Se eu não continuar.

I cry every day,
   Afraid of not crying;—
Afraid that you will go away
If I stop.

INVERNO

Aí vem novamente: o vazio;
a inquietação não destinada a um ser eterno...
Mas não vou forçar os dias a rimar
como um poema banal com sons
que retornam a si mesmos—
que agradam aos ouvidos,
mas entorpecem a alma—
não;—vou dormir, mas vou sonhar,
e acordar renovada.

WINTER

Here it comes again: the emptiness;
the restlessness not meant for an eternal being...
But I'll not force the days to rhyme
like a trite poem with sounds
that return upon themselves—
that please the ears,
yet numb the soul—
no;—I will sleep, but I will dream,
and awake renewed.

O amor mantido firmemente
só procura escapar—
e nunca voltar.

O amor mantido corretamente

permanece livre

e regressa sempre.

Love held tightly

seeks only to escape—

never to return.

Love held rightly

remains free

and always returns.

POEMA PRAGMÁTICO (POSITIVIDADE)

Se, de facto, nada é tudo,
então esperar é uma ação,
na tua ausência estás presente,
e o sofrimento é uma benção.

PRAGMATIC POEM (POSITIVITY)

If, in fact, nothing is everything,
   then waiting is an action,
in your absence you are present,
and suffering is a blessing.

O que acontece na minha mente
   o meu corpo afeta;
Se eu disser que estou a morrer,
  então já estou morta.
Fica quieta e silenciosa,
  ó minha alma;
Conhece a paz que a graça traz
  e encontra a vida!

What happens in my mind
    affects my body;
If I say that I am dying,
   then I'm already dead.
Be still and silent,
   oh my soul;
Know the peace that mercy brings
   and encounter life!

Na nossa dor,
esquecemos o caminho do Amor.

Esquecemos que quando o Amor ama,

não há perda.

In our grief,
   we forget the way of Love.

We forget that when Love loves,

there is no loss.

Porque me faltava fé,
entreguei-me à minha paixão,
que apodrece como fruto maduro
depois de cair ao chão.

Mas na semente—os restos do fruto—
já há espaço para crescimento;
pois a natureza salva-a do pó
e dá-lhe um novo nascimento.

Because I lacked faith,
I gave myself to my passion,

which rots like ripe fruit

after it falls to the ground.

But in the seed—the remains of the fruit—

there is already room for growth;

for nature saves it from the dust

and gives it new birth.

Não é o desejo nem o fruto que é mau,
 mas a submissão—a degustação...
Não quero viver com o peso, então
o fruto mais doce que nunca provei—
o desejo dentro de mim—eu sei
ainda na árvore está pendurado...
ainda espera para ser resgatado.

It's not the desire nor the fruit that is bad,
but the yielding—the tasting...
I don't want to live with the weight, so
the sweetest fruit I've never tasted—
the desire within me—I know
still hangs on the tree...
still waits to be redeemed.

Sobre o meu espírito os dias pressionam
com as mãos confiantes—mas levemente.
A alegria e a dor eles não conhecem;
só que tudo passa e regressa novamente.

Upon my spirit the days press
with confident hands—yet lightly.

Joy and grief they know not;

only that all things pass and return again.

Ele disse que a batalha
era dele e não minha.

Mas o que deseja?

Que lute na sua força

ou deponha a minha espada?

Batalha, Portugal.

He said that the battle
was his and not mine.
But what does he desire?
That I fight in his strength
or lay down my sword?

24 FEVEREIRO 2022

Vã desilusão empunha a faca,
"união" é o seu apelo de batalha
que justifica a guerra e a luta—
retórica antes de uma queda.

(Tirania, ele chega tarde demais!
A Paz já selou o seu destino.)

Liberdade os seus lábios refutam—
escravidão eles ainda sancionam—
Vais declamar as suas palavras?
Vais lutar contra a tua vontade?

(Tirania, chegaste tarde demais—
A Paz já selou o teu destino!)

24 FEBRUARY 2022

Vain delusion wields the knife,
"oneness" is his battle call
justifying war and strife—
rhetoric before a fall.

(Tyranny, he comes too late!
Peace already sealed his fate.)

Freedom that his lips belie—
sanctioning enslavement still—
Will you not his words decry?
Will you war against your will?

(Tyranny, you come too late—
Peace already sealed your fate!)

O RITMO DE BATALHA

"yet somewhere there is God." —William Dean Howells

Somente há ruído
onde há falta de ritmo—
sons discordantes:
o barulho da guerra...

Ou então há silêncio
onde há falta de ritmo—
um silêncio profundo:
a morte na batalha.

Mas um Deus de harmonia
transforma gritos em música...
E em face da guerra,
até os caídos cantam.

BATTLE-RHYTHM

"yet somewhere there is God." —William Dean Howells

There is only noise
where rhythm is lacking—
discordant sounds:
the din of war...

Or else there is silence
where rhythm is lacking—
a profound hush:
death in battle.

But a God of harmony
turns cries into song...
And in the face of war,
even the fallen sing.

Ainda posso conhecer a paz
    apesar desta derrota
se me disser que foi apenas
    uma batalha, e não toda a guerra.

I can still know peace

   despite this loss

if you tell me it was only a battle,

   and not the entire war.

Quando as imagens se desvanescem
e o ardor procurar refúgio,
para onde devo enviá-lo?

When the images fade
and ardor seeks refuge,

where shall I send it?

O meu fardo é pesado,
   podes suportá-lo?
As minhas dúvidas são muitas,
   podes aliviá-las?
Tu seguras o meu coração
   e mantem-lo a bater;
estou a salvo nas tuas mãos
   pois me dás forças para viver...
O teu fardo é leve;—vou levá-lo.
Dás-me descanso;—em ti eu confio.

My burden is heavy,
   can you bear it?
My doubts are many,
   can you relieve them?
You hold my heart
   and keep it beating;
I'm safe in your hands
   for you give me strength to live...
Your burden is light;—I will accept it.
You give me rest;—I trust in you.

Casa-Museu Medeiros e Almeida. Lisbon, Portugal.

There will always be sunshine
   and birds on the wing
And a place in my heart
   that delights when they sing
There will always be moonlight
   and stars within view
But right now there's just me
   and me thinking of you

Memorizei o teu rosto
como um verbo conjugado:—
cada aspeto e modo.
O teu nome eu sussurro
como um juramento—
escondido num Noturno.

Cascais, Portugal. Sculptor: Rogério Timóteo.

I memorized your face

  like a conjugated verb:—

every aspect and mood.

Your name I whisper

like an oath—

  hidden in a Nocturne.

UM RETRATO

Castanho
o solo
que nutre as ervas

Escura

a noite

que lhes permite crescer

Carinhosas

as mãos

que podam as folhas

Picante

o fruto—

maduro para comer

A PORTRAIT

Brown
the soil

that nourishes the herbs

Dark

the night

that allows them to grow

Affectionate

the hands

that prune the leaves

Piquant

the fruit—

ripe to eat

COISAS VERDES

Coisas verdes—
As coisas verdes crescem

na tua janela
onde há sempre luz solar.

Coisas adoráveis—
que nas tuas mãos florescem

perto da janela
com vista para o mar.

GREEN THINGS

Green things—
Green things grow

in your window

where there is always sunlight.

Lovely things—

that in your hands blossom

near the window

overlooking the sea.

A erva não sabe de onde veio,
mas sabe bem quem cuida dela.
Conheço as mãos, mas não a arte—
o toque—que a transforma.

The herb knows not where it came from,
but it knows well who cares for it.
I know the hands, but not the art—
the touch—that transforms it.

PERDÃO

Costumam dizer que o perdão é divino—
uma oferenda sem exigências;
Gostaria de pensar nas tuas flores como minhas—
algum presente de graça—das tuas mãos, nascido.

FORGIVENESS

They say forgiveness is divine—
an offering with no demands;
I'd like to think your flowers mine—
some gift of grace born from your hands.

Imito o trabalho das tuas mãos,
   mas as tuas mãos são obra de Deus—
para a qual não há comparação.
São esplêndidas para mim como os céus.

I imitate the work of your hands,
   but your hands are the work of God—
for which there is no comparison.
They are splendid to me as the heavens.

De pé ao sol, uma breve estadia,
e todas as dúvidas se foram—
como as ervas que brilham,—
que florescem na tua presença e dão fruto.
Confiante—estás comigo.

Standing in the sun, a brief sojourn,
and all doubts are gone—
like the herbs that glisten,—
that flourish in your presence and bear fruit.
Assured—you are with me.

DESENHOS

Cada golpe da tua caneta
    no pedaço de papel
é como uma assinatura—
    única, verificável
como uma impressão digital—
como os veios destas folhas:
    sinuosas, complexas.
Um desenho intrincado
que se revela
na tua imaginação.

DESIGNS

Every stroke of your pen
    on the piece of paper
is like a signature—
    unique, verifiable
as a fingerprint—
like the veins in these leaves:
    meandering, complex.
An intricate design
that reveals itself
in your imagination.

Antes da mão que a forma,
antes do olho que a vê—
 inspiração.

Move-se abaixo da cabeça,
do peito, da cintura, dos pés—
 criação.

Mostras-me a minha condição
com a vazante das marés—
 revelação.

Trazes a aurora,—a nova vida;
misericordioso tu és—
 restauração!

Before the hand that forms it,

before the eye that sees it—

   inspiration.

It moves below the head,

the chest, the waist, the feet—

   creation.

You show me my condition

with the ebbing of the tides—

   revelation.

You bring the dawn,—new life;

merciful you are—

   restoration!

UM ESPÍRITO DAS AVENCAS

Há um espírito das Avencas—sabias?
Ele lança a sua sombra entre as rochas,
entre os estranhos que visitam a costa—
os curiosos, ou aqueles que procuram a cura...
Quer sejas cético ou crente, não importa;
somente porque estás lá, já estás à procura.
Talvez o vejas, ou sintas a sua presença;
talvez não sintas nada—mas vale a pena!

A SPIRIT OF THE AVENCAS

There's a spirit of the Avencas—did you know?
He casts his shadow among the rocks,
among the strangers visiting the shore—
the curious, or those seeking healing...
Whether you're a skeptic or a believer, it doesn't matter;
only because you're there, already seeking.
Maybe you will see him, or sense his presence;
maybe you'll sense nothing—but it's worth it!

a liberdade de movimento
proibida pelo corpo

desperta na mente

freedom of movement
forbidden by the body

quickens in the mind

UM SONHO DE LOUCURAS

Respirando de dentro das sombras,—máscaras,
num sonho de pesadelos e loucuras
que se alinha com fragmentos de vigas
caídas de algum reino sombrio
onde o medo escapa dum buraco,
da terra;—duma sepultura da tristeza
onde ninguém distingue entre a noite e o dia...

Gigantes dançando o seu contentamento
e soando os trompetes, brandindo vidro...
fadas distanciando-se da travessura alegre,
esperando atentamente...
Nunca ninguém sofreu mais do que ela.
Nunca ninguém dançou mais do que ele
neste sonho de pesadelos e loucuras
onde gigantes e fadas
respiram de dentro das sombras...

A DREAM OF FOLLIES

Drawing breath from within shadows,—masks,

in a dream of nightmares and follies

that aligns itself with fragments from rafters

fallen from some funereal kingdom

where fear escapes from a hole,

from the earth;—from a grave of sadness

where no one distinguishes between night and day...

Giants dancing forth their glee

and sounding trumpets, brandishing glass...

fairies distancing themselves from merry mischief,

waiting attentively...

No one's ever suffered more than she.

No one's ever danced more than he

in this dream of nightmares and follies

where giants and fairies

draw breath from within shadows...

SALPICOS DE TINTA

1.—SONHOS

Navego pelas ruas estreitas no escuro,
interpretando os meus sonhos.
Vêm ter comigo em cinza sombrio...
Ofereço-lhes a minha solenidade
e pinto-os com positividade.

SPLASHES OF PAINT

1.—DREAMS

I navigate the narrow streets in the dark,
 interpreting my dreams.
They come to me in somber gray...
I offer them my solemnity
and paint them with positivity.

SALPICOS DE TINTA

2.—REFRAÇÃO

A luz solar percorre o longo caminho através da atmosfera e pinta o céu em amarelo, laranja, e vermelho.

SPLASHES OF PAINT

2.—REFRACTION

Sunlight travels the long path
through the atmosphere and paints the sky
in yellow, orange, and red.

SALPICOS DE TINTA

3.—SWELLS

Sobem e caem,
onda sobre onda:

Fitas de cinza

em ondulações inquebráveis

impulsionadas

por tempestades distantes.

SPLASHES OF PAINT

3.—SWELLS

They rise and fall,
wave upon wave:
Ribbons of gray
in unbreaking undulations
driven
by distant storms.

POEMA PRAGMÁTICO II (REALIDADE)

A realidade não precisa
que eu a compreenda.
Mas para sobreviver, os humanos
devem entender-se uns aos outros.

Ocorre a compreensão
quando as pessoas concordam
com a sua perceção da realidade.

PRAGMATIC POEM II (REALITY)

Reality doesn't need me to understand it.
But in order to survive, humans must understand one another.

Understanding occurs when people are in agreement with their perception of reality.

AGORA

Quer esteja de frente para o sol
ou olhe para trás para a minha sombra,
ainda estou exatamente onde estou
e estás exatamente onde estás.

Cruz Quebrada, Lisbon, Portugal.

NOW

Whether I'm facing the sun

or looking back at my shadow,

I'm still exactly where I am

and you're exactly where you are.

O DESTINO

O Destino espera perto do mar
   E conta os barcos, os pássaros...
Mas não vai voar, nem vai navegar;
Move-se só quando sopram os ventos.

Atop the Padrão dos Descobrimentos. Belém, Portugal.

FATE

Fate waits near the sea
    And counts the boats, the birds...
But it will not fly, nor will it sail;
It moves only when the winds blow.

AGORA II (LANÇADA PELAS ONDAS)

Deixo-me ser lançada pelas ondas,
dividida entre aí e aquí,
quando o único *lugar* é *agora*—
neste momento—onde nunca estive.

NOW II (TOSSED BY THE WAVES)

I let myself be tossed by the waves,
  torn between there and here,
when the only *place* is *now*—
in this moment—where I've never been.

OUTONO

Sem pensar no frio,
vamos trazer o inverno;
até vivermos sem nada,
não vivemos a vida!

Filho de setembro, estou à espera;—
frio do outono, vem depressa!

AUTUMN

Thinking not of the cold,
    we'll bring forth the winter;
till we live with nothing,
    we haven't lived life!

Child of September, I'm waiting;—
chill of autumn, come with haste!

Sobre palácios e aldeias,
o mar e as colinas,
sobre toda a boa terra, voaremos.

Sem saber para onde vamos,
como o vento entre os ramos,
seremos livres, aceitando todos os riscos.

E quando olharmos para trás,
entenderemos que a paz
que viajou connosco tinha sido Deus.

Over palaces and villages,
the sea and the hills,
over all the good earth, we will soar.

Without knowing where we're going,
like the wind among the branches,
we'll be free, accepting all the risks.

And as we look back,
we'll understand that the peace
that journeyed with us had been God.

RESSURGENTE

Poesia que cai sobre
ouvidos surdos
sobe em asas para céus
mais recetivos.

Parque dos Poetas, Oeiras, Portugal.

RESURGENT

P oetry that falls on
    deaf ears

rises on wings to more

    receptive skies.

Da proa à popa,
de bombordo a estibordo,
carregado pesado
ele sofre o peso.

Onda sobre onda,
capturado pelo fluxo,
o seu casco flexiona
com gemido profundo.

From bow to stern,
 from starboard to port,
heavy-laden
he suffers the weight.

Wave upon wave,
captured by the swell,
his hull flexes
with deep groaning.

O BARCO VELHO

Leva o barco velho para o mar;
Nas marés compassivas, deixa-o flutuar.
Leva-o para onde o Capitão habita;
Resignado, calmo, livre—navegará.

THE OLD BARK

Carry the old bark out to sea;
   With the pitying tides, let him drift.
Take him to where the Captain dwells;
Resigned, calm, free—he will sail.

AS GAIVOTAS

As gaivotas cantam aqui também;—
tal como aí, cantam.
E como aí, elas vão e vêm—
aqui também, regressam...
Mas aqui não é aí, eu sei!—
Porém eu vou cantar;
e como as aves, eu voltarei—
voltarei sempre do mar.

THE SEAGULLS

The seagulls sing here too;—
just as there, they sing.
And like there, they come and go—
here also, returning...
But here is not there, I know!—
Still, I will sing;
and like the birds, I will return—
I will always return from the sea.

LYRA

Agarrei-me à esperança, cegamente,—
e, como se fosse a última corda
que restava duma lira antiga, toquei-a
cuidadosamente, metodicamente,
consciente da fragilidade, toquei—
e esforcei-me para ouvir as únicas notas
vibrarem contra o meu coração em ondas,
mantendo-o a bater...
À medida que a última corda se partia,
temi pelo meu coração. Tirei a venda
e olhei para cima em desespero;
vi as estrelas a manter a vigília;
ouvi uma canção do Orfeu à distância
e sabia que não estava sozinha...

LYRA

I clung to hope, blindly,—
and, as if it was the last string
remaining on an ancient lyre, played it
carefully, methodically,
aware of the fragility, I played—
and strained to hear the single notes
vibrate against my heart in waves,
keeping it beating...
As the last string broke,
I feared for my heart. I removed my blindfold
and looked up in desperation;
I saw the stars keeping vigil;
I heard a song of Orpheus in the distance
and knew that I was not alone...

O DEUS EM TI

Para viver em nós para sempre,
    Ele teve de nos deixar;
Mas prometeu voltar novamente—
    Para as nossas almas confortar.

Disse que ia ser assim:
    Onde ele está, nós estamos.
Se ele está presente em nós,
    Nunca nos separaremos.

O Deus em ti é o Deus em mim;—
Não precisamos de dizer adeus.

THE GOD IN YOU

To live in us forever,
    He had to leave us;
But he promised to come back again—
    Our souls to comfort.

He said it would be like this:
    Where he is, we are.
If he is present in us,
    We will never be apart.

The God in you is the God in me;—
We don't have to say goodbye.

LÁZARO

Comigo, Lázaro,
sê paciente, sê clemente;
pois estavas como morto,
e eu estava perdida.
Ajuda-me a acreditar novamente,
ó meu irmão, em ti, em mim mesma, —
no coração!

LAZARUS

With me, Lazarus,
  be patient, be forgiving;
for you were as dead,
and I was lost.
Help me to believe again,
oh my brother, in you, in myself,—
in the heart!

O FAROL (NOTURNO)

Nevoeiro que esconde o pôr-do-sol
e o céu noturno roxo
não pode esconder o farol

universal que arde no meu peito.
A minha vontade mantém-no a arder;
para este fim fui feito:

Nunca extinguir, sempre para ser
singular de propósito:
uma vela para receber

o viajante solitário.

THE LIGHTHOUSE (NOCTURNE)

Fog that obscures the sunset
and the purple nocturnal sky
cannot hide the universal

lighthouse that burns in my chest.
My will keeps it burning;
for this end I was made:

Never to extinguish, always to be
singular of purpose:
a candle to receive

the solitary traveler.

VELAS BRANCAS

Nas ondas regressam:
Velas brancas que passam
pela minha mente e memória;—
alguns dias com clareza,
e outros dias
através de lágrimas...
Nem bons nem maus,
apenas dias em graus.
Espero na costa por um barco.

WHITE SAILS

In waves they return:

White sails that pass

through my mind and memory;—

some days with clarity,

and other days

through tears...

Neither good nor bad,

just days in degrees.

I wait on the shore for a boat.

O CANTO DO TORDO

Quando a noite é esquecida
e a Aurora aparece,
espero, espero pelo canto do tordo.

Quando o sol da manhã
traz a luz que aquece,
eu ouço, ouço o canto do tordo.

Quando as sombras brincam
e a cal arrefece,
repete, repete o canto do tordo.

Quando os olhos se cansam
e a vela escurece,
eu sonho, sonho com o canto do tordo.

THE SONG OF THE THRUSH

When night is forgotten
and Dawn appears,
I wait, I wait for the song of the thrush.

When the morning sun
brings the light that warms,
I hear, I hear the song of the thrush.

When shadows play
and the lime cools,
repeats, repeats the song of the thrush.

When the eyes tire
and the candle dims,
I dream, I dream of the song of the thrush.

a esperança é o rebento
  que cresce dentro do buraco
de uma árvore moribunda

hope is the sapling
that grows within the hollow
of a dying tree

À porta de um sonho menor,
no momento anterior
ao ponto de capitulação,
agarra a minha mão
e não me deixes bater!

Porta e pedras. Lisbon, Portugal.

At the door of a lesser dream,
in the moment prior
to the point of capitulation,
grab my hand
and don't let me knock!

O SILÊNCIO

O teu nome está escrito
em cada página—
em cada espaço
entre palavras.
A última página—
a folha em branco—
também é tua.

THE SILENCE

Your name is written
on each page—

in every space

between words.

The last page—

the blank sheet—

it's yours too.

LOOSE CHANGE

Parque dos Poetas. Oeiras, Portugal.

it's cold in Parede

but for this loose change that keeps

warm in my pocket

faithless is the hand

that writes in desperation

and wears out the pen

reckless waters surge

headlong between fragrant banks

hungry for the sea

fain to taste of joy

yet this fruit wastes before me

and from my mouth flies

he pours out new wine

into these skins already

portending ruin

don't look back they say

never look back but what if

what if you look back

SELEÇÕES DE

POEMAS DO JARDIM

SELECTIONS FROM

POEMS FROM THE GARDEN

ESPERANÇA, A MINHA ALEGRIA

Com cada respiração
em que faltava alegria,
recolhi lembranças
como flores silvestres
e formei uma grinalda
para adornar a minha cabeça.

HOPE, MY JOY

With every breath
that lacked joy,
I gathered memories
like wildflowers
and formed a wreath
to adorn my head.

O caminho do desejo
é forjado pela esperança
e seguido com pressa

the path of desire
is forged by aspiration
and followed with haste

Escrito no rosto está a verdade,
revelando uma afinidade
que vibra com simpatia.
Dançamos com palavras
cuidadosamente escolhidas
retirando camadas
até à alma chegar.

Written on the face is truth,
revealing an affinity
that vibrates with sympathy.
We dance with words
carefully chosen
peeling back layers
until the soul is reached.

JARDIM DOS SEGREDOS

Jardim dos segredos—
caminhos ocultos
e águas escuras
escondem a verdade.

Somente um coração
livre de engano
levanta o véu
e revela a luz.

GARDEN OF SECRETS

Garden of secrets—
concealed paths

and murky waters

hide the truth.

Only a heart

free from deceit

lifts the veil

and reveals the light.

SOLIDÃO

"Principle—that what we renounce we recover in God." —Thomas Merton

Olhos gentis são poças de água
    neste deserto ressecado;
mãos generosas são raios de sol
    que revivem um coração frio.
Perdoa-me se estes versos só
    revelarem a minha estima,
mas oferecer mais do que isso
    seria quebrar uma promessa.

SOLITUDE

"Principle—that what we renounce we recover in God." —Thomas Merton

Kind eyes are pools of water
   in this parched desert;
generous hands are rays of the sun
   that revive a cold heart.
Forgive me if these lines only
   reveal my esteem,
but to offer more than that
   would be to break a promise.

O NOVO ORFEU

Tu foges e quero seguir;
cantas e quero voar;
porque tu és, quero ser.
Mas não te posso dizer
se não olhares para trás;
e isso tu não farás.

THE NEW ORPHEUS

You flee and I want to follow;
you sing and I want to soar;
because you are, I want to be.
But I can't tell you
if you don't look back;
and this you will not do.

VIRTUDE

Pulsou nas minhas veias, mas não senti;
  Ressoou nos meus ouvidos, mas não ouvi;
Ficou à minha frente, mas não percebi...
Porque só te vi a ti.

VIRTUE

It throbbed in my veins, but I didn't feel;

It rang in my ears, but I didn't hear;

It stood before me, but I didn't notice...

Because I only saw you.

A minha razão, satisfação;
Ao meu lado, oposição.
A minha vida, o meu orgulho;
O meu espinho no meu corpo.

My reason, satisfaction;
　　On my flank, opposition.

My life, my pride;

My thorn in my side.

Ver mas não tocar—
Preferia ser cega!

Viver mas não amar—

Para a morte estaria pronta!

Querer, não precisar—

A *doçura* do fruto!

Pera e pedra. Parede, Portugal.

To see but not to touch—

I would rather be blind!

To live but not to love—

For death I'd be ready!

To want, not to need—

The *sweetness* of the fruit!

Conheces os meus desejos;—
escrevi-os aqui nestas pedras
como se eu fosse algum deus.
O que é, se não a tristeza,
por se sentir roubado de algo
que nunca tenha possuído?
É então roubo?
Então eu sou o ladrão!—
Ladrão da minha própria imaginação.

You know my desires;—
    I've written them here on these stones

as if I were some god.

What is it, if not grief,

to feel robbed of something

that I had never possessed?

Is it then theft?

Then I am the thief!—

Thief of my own imagination.

A MINHA GUERRA

Todos os dias o fogo consome.
Todos os dias esta guerra retoma,
e a minha muralha enfraquece.
Mas vou levantar-me das chamas,
vou reforçar as minhas defesas,
vou encarar um novo dia.
Não porque sou forte,
mas porque te amo.

MY WAR

Every day the fire consumes.
Every day this war resumes,
and my wall weakens.
But I'll rise from the flames,
I'll reinforce my defenses,
I'll face a new day.
Not because I'm strong,
but because I love you.

PAZ

Não desejo a paz que vem somente quando o sol está brilhante,
mas a paz que vem como um presente durante uma tempestade.

PEACE

I do not desire peace that comes only
when the sun is bright,
but peace that comes as a gift
during a storm.

COMO UMA FLOR

Como uma flor—
   Pétalas abertas ao mundo pela manhã,
E dobradas sem pesar no final do dia.
Sem pesar,
   Sem lamentar—
     Como uma flor.

LIKE A FLOWER

Like a flower—
   Petals open to the world at morn,
And folded without regret at day's end.
Without regret,
   Without lament—
     Like a flower.

Habitar no amor é assim:—
Entramos no amor livremente,
e chegamos continuamente.

O amor não tem começo nem fim.

Belém train station along the Linha de Cascais. Belém, Portugal.

To dwell in love is like this:—
 We enter into love freely,
and arrive continually.
Love has no beginning or end.

VENTO E ESPÍRITO

O vento não é visto nem ouvido
Até que ele mova as coisas...
Até que sussurre através das folhas; —
Até que os troncos se dobrem
   E balancem
     E batam...
Até as águas dançarem sobre a superfície,
   Comoverem a minha alma,
     E me encherem de alegria.

WIND AND SPIRIT

The wind is neither seen nor heard
Until it moves things...
Until it whispers through the leaves;—
Until the trunks bend
   And sway
      And knock...
Until the waters dance upon the surface,
   Move my soul,
      And fill me with joy.

TOCA O TAMBOR

do teu coração
toca o tambor

use as duas mãos

ouve-me cantar

versos de amor

BEAT THE DRUM

from your heart
beat the drum
use both hands
hear me sing
lines of love

A Natureza toca as suas canções doces,
E não preciso de perguntar para quem são—
São feitas para mim.
Porque O Autor conhece—
    O Autor conhece
        O Autor conhece
O ritmo do meu coração.
Foi a Sua criação,
E bate só por causa Dele.
    Bate só para Ele
        Bate só para Ele...

Nature plays her sweet songs,
    And I need not wonder for whom they're meant—

They're meant for me.

Because the Author knows—

    The Author knows

        The Author knows

The rhythm of my heart.

It was His creation,

And it beats only because of Him.

    It beats only for Him

        Beats only for Him...

POEMA PRAGMÁTICO III

Pode parecer que eu apenas vivo
para o objeto do meu amor.
Mas não. Eu vivo para amar,
e o objeto cumpre o objetivo.

Guitarra portuguesa (Portuguese guitar). Museu do Fado, Lisbon.

PRAGMATIC POEM III

It may appear that I only live

for the object of my love.

I do not. I live to love,

and the object fulfills the objective.

CORPOS DE ÁGUA

Os oceanos são corpos de água
contínuos e interligados.
São águas sem limites, exceto os
definidos pelos seres humanos.
E nós somos como estas águas—
corpos separados só por convenção,
se não por Deus.

BODIES OF WATER

The oceans are continuous and interconnected bodies of water. They are waters without limits, except for those defined by humans. And we are like these waters—bodies separated only by convention, if not by God.

TUDO

Quando estou perto das águas
são tudo o que vejo;
quando estou longe das águas
vejo-as em tudo.

EVERYTHING

When I am near the waters
they are all that I see;
when I am away from the waters
I see them in everything.

Se tudo o que tenho para dar é nada,
é suficiente? Na sua essência
é inestimável; mas na sua substância
não tem valor:
o fruto da minha liberdade:—
o meu amor.

If all I have to give is nothing,
   is that enough? In its essence

it is priceless; but in its substance

it has no value:

the fruit of my freedom:—

my love.

Tudo na Natureza se move no tempo perfeito—
embora algumas coisas pareçam mover-se depressa:—

A fúria do vento durante uma tempestade;

um pássaro assustado que levanta voo;

as ondas que quebram contra a costa;

a luz da manhã—

e a batida do meu coração.

Everything in Nature moves in perfect time—
although some things seem to move with haste:—

The fury of the wind during a storm;

a startled bird taking flight;

waves that break against the shore;

the morning light—

and the beating of my heart.

Masculinas são as mãos que labutam;—

os dedos que sangram e incham...

sangram e incham

diariamente.

Feminino é o cabelo—as lágrimas—

que limpam o sangue...

limpam o sangue

e tiram a dor.

Suave é a noite que cura

quando a labuta ganha descanso...

ganha descanso perfeito

em um abraço.

Masculine are the hands that toil;—

fingers that bleed and swell...

bleed and swell

daily.

Feminine is the hair—the tears—

that wipe away the blood...

wipe away the blood

and take away the pain.

Gentle is the night that heals

when toil wins rest...

wins perfect rest

in an embrace.

FOGO FÁTUO

Diz-me que eu nunca voltarei;—
Que as minhas mãos ficarão vazias;
Nunca mais olharei para as águas;—
Que a minha esperança era em vão,
A minha alegria uma ilusão...
Diz-me que eu nunca voltarei.

IGNIS FATUUS

Tell me I will never return;—
That my hands will remain empty;
Never more will I look upon the waters;—
That my hope was in vain,
My joy an illusion...
Tell me I will never return.

VENTO DE VERÃO

Há um vento de verão
No outono
Talvez seja um sinal
Então sonho

Há um vento de verão
No outono
Mas eu sei que horas são
Não sou tolo

Há um vento de verão
No outono
Coloquei o meu blusão
E eu choro

SUMMER WIND

There's a summer wind
In the fall
Maybe it's a sign
So I dream

There's a summer wind
In the fall
But I know what time it is
I'm no fool

There's a summer wind
In the fall
I put on my windbreaker
And I cry

VAMOS VER

Vamos ver, vamos ver...
A vida é boa,
não posso reclamar.

Deus provê, Deus provê.
Nas Suas mãos
vou residir.

Eu amo, eu amo
este jardim,
esta terra.

Lembrarei, lembrarei
águas que inspiram,
luz do sol que cura,
pássaros que cantam...

WE'LL SEE

We'll see, we'll see...
Life is good,
I can't complain.

God provides, God provides.
In His hands
I will abide.

I love, I love
this garden,
this land.

I'll remember, I'll remember
waters that inspire,
sunlight that heals,
birds that sing...

Este povo, esta terra...
Ó! como és linda!
Sabes mesmo?

És um tesouro

escondido no meu coração;

uma fonte de inspiração;

um poema não gravável—

Portugal!

This people, this land...
Oh! how beautiful you are!

Do you even know?

You are a treasure

hidden in my heart;

a source of inspiration;

an unwritable poem—

Portugal!

Com amor eu olho, com saudade, eu choro
    Sobre a tua paisagem, regando estas pedras.
Quão distantes são as terras e vasto o mar
    Que se encontra no meio, e sofro nos meus ossos...
Mas o poeta* reflete que embora o homem elogie
    De longe, ainda deve desejar a beleza—
Embora a sua paixão seja muda. Louvado seja Deus,
    Quem oferece a paz e esperança em compaixão;
Quem nos permite sofrer, mas nunca sozinhos,
    E só por um tempo... Mas agora,
O meu tempo parece emprestado, a minha paz quase a
    desaparecer—
    Mas somente os tolos obedecem ao que o medo dita,
E a tua beleza é o que procuro! Então procuro—
Sem paixão se for preciso—para ainda te glorificar!

*Florence Earle Coates.

Lovingly I gaze, longingly I weep
    Over your landscape, watering these stones.
How distant are the lands and vast the sea
    That lies between, and I ache in my bones...
But a poet* once mused that though man lauds
    From afar, still must he yearn for beauty—
Though his passion be dumb. Praise be to God,
    Who provides peace and hope in sympathy;
Who grants us to grieve, but never alone,
    And only for a time... But as I stand,
My time seems borrowed, my peace all but
    flown;—
    Yet only fools obey what fear commands,
And your beauty I seek! So seek I will—
Passionless if I must—to laud you still!

*Florence Earle Coates.

VIREI AS COSTAS

Virei as costas para as águas;—
O que mais poderia fazer?
Virei as costas para as águas
Pois não podia ficar.
Virei as costas para as águas,
Mas isto posso dizer:—
Eu voltarei para as águas
Pois não terminei de cantar.

I TURNED MY BACK

I turned my back on the waters;—
    What else could I do?
I turned my back on the waters
Because I could not stay.
I turned my back on the waters,
But this I can say:—
I'll come back to the waters
Because I'm not done singing.

AGORA NÃO

Agora não.
Não agora, mas algum dia.
Algum dia voltarei.
Voltarei neste barco.
Neste barco, para esta costa —
Para esta costa neste barco
Voltarei algum dia.
Algum dia, mas não agora.
Agora não.

NOT NOW

Not now.
Not now, but some day.
Some day I'll return.
I'll return in this boat.
In this boat, to these shores—
To these shores in this boat
I'll return some day.
Some day, but not now.
Not now.

NOTURNO (Contraponto)

O Céu existe
   O Céu existe

ou nunca mais

te verei

O Céu existe

O Céu existe

ou nunca mais

te verei

Ó ver-te-ei

ver-te-ei

ver-te-ei

novamente

ver-te-ei

ver-te-ei

ver-te-ei

novamente

NOCTURNE (Counter-melody)

Heaven exists
    Heaven exists

or I'll never

see you again

Heaven exists

Heaven exists

or I'll never

see you again

Oh I'll see you

I'll see you

I'll see you

again

I'll see you

I'll see you

I'll see you

again

O Céu existe

O Céu existe

ou nunca mais

te verei

O Céu existe

O Céu existe

ou nunca mais

te verei

Ó ver-te-ei

ver-te-ei

ver-te-ei

novamente

ver-te-ei

ver-te-ei

ver-te-ei...

Heaven exists

Heaven exists

or I'll never

see you again

Heaven exists

Heaven exists

or I'll never

see you again

Oh I'll see you

I'll see you

I'll see you

again

I'll see you

I'll see you

I'll see you...

Noturno (Contraponto)

Melody & Lyrics by Sonja N. Bohm

For Oboe or Voice
♪ = 93

O Cé-u e-xis-te Cé-u e-xis-te ou nun-ca mais te ve-rei. O

Cé-u e-xis-te Cé-u e-xis-te ou nun-ca mais te ve-rei.

O Céu existe
O Céu existe
ou nunca mais
te verei

Heaven exists
Heaven exists
or I'll never
see you again

"nos bancos vazios/Dentro do meu peito, estás sempre comigo."
—David Mourão-Ferreira

"on the empty benches/Within my breast, you are always with me."

—David Mourão-Ferreira

every miracle
has within its roots traces
of some love story

THE AUTHOR.

THE AUTHOR.

ÍNDICE
INDEX

6	Que Alegria!
8	Mingus no Bar das Avencas
10	[imagem]
12	Portugal, Ainda
14	Só um Perfil
16	Envelhecemos
18	*Eras apenas uma criancinha*
20	[imagem]
22	Uma Conta
24	*A tua música comovente preenche o ar*
26	*O teu toque na minha mão*
28	*prefiro não ter nada*
30	Orfeu, Ainda
32	*O que os estoicos querem com paixão*
34	*A energia que emana*
36	Inveja
38	As Palavras
40	Uma Manhã Fria
42	*Devo viver como se estivesses morto*
44	Perdido
46	*Eu choro todos os dias*
48	Inverno
50	*O amor mantido firmemente*

7	What a Joy!
9	Mingus at Bar das Avencas
11	*as the sun decays*
13	Portugal, Still
15	Only a Profile
17	We Age
19	*You were only a baby*
21	Autumn Breeze
23	An Account
25	*Your soulful music fills the air*
27	*Your touch on my hand*
29	*I would rather have*
31	Orpheus, Still
33	*What stoics want with passion*
35	*The energy that emanates*
37	Envy
39	The Words
41	One Cold Morning
43	*Must I live as though you are dead*
45	Lost
47	*I cry every day*
49	Winter
51	*Love held tightly*

52	Poema Pragmático (Positividade)
54	*O que acontece na minha mente*
56	*Na nossa dor*
58	*Porque me faltava fé*
60	*Não é o desejo nem o fruto que é mau*
62	*Sobre o meu espírito os dias pressionam*
64	*Ele disse que a batalha*
66	24 Fevereiro 2022
68	O Ritmo de Batalha
70	*Ainda posso conhecer a paz*
72	*Quando as imagens se desvanescem*
74	*O meu fardo é pesado*
76	[imagem]
78	*Memorizei o teu rosto*
80	Um Retrato
82	Coisas Verdes
84	*A erva não sabe de onde veio*
86	Perdão
88	*Imito o trabalho das tuas mãos*
90	*De pé ao sol, uma breve estadia*
92	Desenhos
94	*Antes da mão que a forma*
96	Um Espírito das Avencas

53	Pragmatic Poem (Positivity)
55	*What happens in my mind*
57	*In our grief*
59	*Because I lacked faith*
61	*It's not the desire nor the fruit that is bad*
63	*Upon my spirit the days press*
65	*He said that the battle*
67	24 February 2022
69	Battle-Rhythm
71	*I can still know peace*
73	*When the images fade*
75	*My burden is heavy*
77	*There will always be sunshine*
79	*I memorized your face*
81	A Portrait
83	Green Things
85	*The herb knows not where it came from*
87	Forgiveness
89	*I imitate the work of your hands*
91	*Standing in the sun, a brief sojourn*
93	Designs
95	*Before the hand that forms it*
97	A Spirit of the Avencas

98	*a liberdade de movimento*
100	Um Sonho de Loucuras
102	Salpicos de Tinta—I. Sonhos
104	Salpicos de Tinta—II. Refração
106	Salpicos de Tinta—III. Swells
108	Poema Pragmático II (Realidade)
110	Agora
112	O Destino
114	Agora II (Lança pelas Ondas)
116	Outono
118	*Sobre palácios e aldeias*
120	Ressurgente
122	*Da proa á popa*
124	O Barco Velho
126	As Gaivotas
128	Lyra
130	O Deus em Ti
132	Lázaro
134	O Farol (Noturno)
136	Velas Brancas
138	O Canto do Tordo
140	*a esperança é o rebento*
142	*À porta de um sonho menor*

99	*freedom of movement*
101	A Dream of Follies
103	Splashes of Paint—I. Dreams
105	Splashes of Paint—II. Refraction
107	Splashes of Paint—III. Swells
109	Pragmatic Poem II (Reality)
111	Now
113	Fate
115	Now II (Tossed by the Waves)
117	Autumn
119	*Over palaces and villages*
121	Resurgent
123	*From bow to stern*
125	The Old Bark
127	The Seagulls
129	Lyra
131	The God in You
133	Lazarus
135	The Lighthouse (Nocturne)
137	White Sails
139	The Song of the Thrush
141	*hope is the sapling*
143	*At the door of a lesser dream*

O Silêncio

"É este comércio subtil de lábios e fontes, este coral de sapos e ralos, que não pode morrer, mesmo que um dia o galo deixe de cantar, ou tu de o ouvir..." —Eugénio de Andrade

SELECTIONS FROM *POEMS FROM THE GARDEN*

156   Esperança, a Minha Alegria

158   *o caminho do desejo*

160   *Escrito no rosto está a verdade*

162   Jardim dos Segredos

164   Solidão

166   O Novo Orfeu

168   Virtude

170   *A minha razão, satisfação*

172   *Ver mas não tocar*

174   *Conheces os meus desejos*

145	The Silence

LOOSE CHANGE (HAIKUS)

149	it's cold in Parede
150	faithless is the hand
151	reckless waters surge
152	fain to taste of joy
153	he pours out new wine
154	don't look back they say

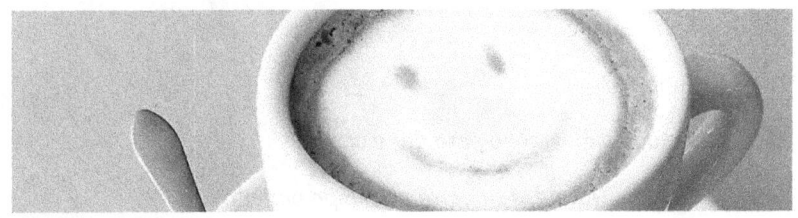

SELEÇÕES DE *POEMAS DO JARDIM*

157	Hope, My Joy
159	the path of desire
161	Written on the face is truth
163	Garden of Secrets
165	Solitude
167	The New Orpheus
169	Virtue
171	My reason, satisfaction
173	To see but not to touch
175	You know my desires

176	A Minha Guerra
178	Paz
180	Como uma Flor
182	*Habitar no amor é assim*
184	Vento e Espírito
186	Toca o Tambor
188	*A Natureza toca as suas canções doces*
190	Poema Pragmático III
192	Corpos de Água
194	Tudo
196	*Se tudo o que tenho para dar é nada*
198	*Tudo na Natureza se move no tempo perfeito*
200	*Masculinas são as mãos que labutam*
202	Fogo Fátuo
204	Vento de Verão
206	Vamos Ver
208	*Este povo, esta terra*
210	*Com amor eu olho, com saudade, eu choro*
212	Virei as Costas
214	Agora Não
216	Noturno (Contraponto)
218	Noturno, cont.
220	[partitura]

177	My War
179	Peace
181	Like a Flower
183	*To dwell in love is like this*
185	Wind and Spirit
187	Beat the Drum
189	*Nature plays her sweet songs*
191	Pragmatic Poem III
193	Bodies of Water
195	Everything
197	*If all I have to give is nothing*
199	*Everything in Nature moves in perfect time*
201	*Masculine are the hands that toil*
203	Ignis Fatuus
205	Summer Wind
207	We'll See
209	*This people, this land*
211	*Lovingly I gaze, longingly I weep*
213	I Turned My Back
215	Not Now
217	Nocturne (Counter-melody)
219	Nocturne, cont.
221	[sheet music]

www.ingramcontent.com/pod-product-compliance
Lightning Source LLC
Chambersburg PA
CBHW070532090426
42735CB00013B/2956